WARUM DU NICHT PERFEKT SEIN MUSST

DIESES BUCH GEHÖRT:

arsEdition

Du bist *wertvoll*,
auch wenn du
nichts leistest!

»Ohne Fleiß kein Preis!«
»Streng dich mehr an!«
»Stillstand ist Rückschritt!«

Egal ob Karriere, Körper, Schlaf, Ernährung, Kindererziehung oder Ordnung im Haushalt – überall wird Perfektion von uns verlangt. Schon als Kinder lernen wir, uns selbst zu immer mehr Leistung und Disziplin anzutreiben.

Aber müssen wir wirklich jeden Tag noch mehr Leistung erbringen und uns noch weiter optimieren?

Natürlich möchten wir alle wachsen und unser Wohlbefinden steigern. Doch der anhaltende Trend zur Selbstoptimierung sorgt dafür, dass wir uns häufig nur noch dann wertvoll fühlen, wenn wir »genug« geleistet haben.

Mit diesem Buch möchten wir dich an eine sehr wichtige Wahrheit erinnern:

Du machst genug. Du kannst genug. Du bist genug.

Es ist normal, dass es Zeiten gibt, in denen sich einfach nichts richtig anfühlt. Für diese Zeiten haben wir das Buch geschrieben, das du in den Händen hältst. Wir möchten dir mit diesem Buch einen einfühlsamen Begleiter an die Seite stellen, der dir sanft und liebevoll dabei hilft, dich selbst wie eine gute Freundin oder einen guten Freund zu behandeln: mit Verständnis und Mitgefühl.

Pass gut auf dich auf!

Melina & Timon von *Vanilla Mind*

PS: Wir landen selbst regelmäßig in der Selbstoptimierungsspirale. Sogar, während wir an diesem Buch geschrieben haben. Niemand ist perfekt und du musst es auch nicht sein!

Ist Selbstoptimierung schlecht?

»Höher, schneller, weiter. Das ist das Credo unserer Gesellschaft, und man ist nur ein vollwertiges Mitglied dieser Gesellschaft, wenn man fleißig mitmacht.«

»Selbstoptimierung ist etwas Gutes, denn es macht Spaß, besser in Dingen zu werden, die einem wichtig sind.«

»Manche Menschen sind so vernarrt in Optimierung, dass ihr gesamtes Leben aus Listen und Tabellen besteht – vom Essen zum Sport bis hin zum Urlaub. Ist das wirklich gesund?«

»SELBSTOPTIMIERUNGSWAHN GAB ES SCHON IMMER! ABER DANK DES INTERNETS UND SOZIALER NETZWERKE IST ER SICHTBARER ALS JE ZUVOR.«

»Für mich gehört zum Besserwerden auch die Erkenntnis: Nichtstun ist wichtig für mich!«

»WENN ICH MICH SOFORT SCHLECHT FÜHLE, NUR WEIL ICH HEUTE MAL KEIN YOGA GEMACHT HABE, SOLLTE ICH MEINE DENKMUSTER ÜBERDENKEN.«

»Alle Menschen wollen ein gutes Leben führen, und das ist für mich Selbstoptimierung. Allerdings ist Selbstoptimierung zu einem Geschäft geworden.«

»Die Menge macht das Gift. Selbstoptimierung zu verteufeln, finde ich auch wieder übertrieben. Ich hatte schon immer Freude am Lernen!«

»Ich finde diese ganzen Achtsamkeitstipps zweischneidig. Wenn ich ständig auf alles achten muss, kann das auch schon wieder in Richtung Selbstoptimierung führen.«

»Wenn Optimierung sich erzwungen anfühlt, dann wird es gefährlich.«

Welchen Aussagen hast du intuitiv zugestimmt?

Bei welchen bist du ins Nachdenken gekommen?

Was empfindest du anders und warum?

Beobachte dich selbst

Es gibt Tausende Kleinigkeiten, die wir tracken und kontrollieren können: Wassermenge, Kalorien, Schlafstunden, Zyklus und so vieles mehr. Fast alles lässt sich messen und in Zahlen ausdrücken. Und das kann eine Menge Druck erzeugen.

Bevor du mit dem Lesen dieses Buches beginnst, möchten wir dich deshalb bitten, achtsam mit deinen Emotionen zu sein. Vielleicht stellst du bei manchen Anregungen fest, dass du einen inneren Widerstand oder Stress spürst. Das ist okay.

Folge einer Idee nicht einfach bloß, weil es da steht. Du machst nichts falsch, wenn du bestimmte Empfehlungen einfach mal ignorierst!

FRAG DICH:

»Warum will ich die Sache tun?«

»Ist es ein positives Gefühl oder eine negative Erwartungshaltung?«

Du bist dein eigener Mensch, und du selbst weißt am besten, was dir guttut. Fremde Ideale sind nicht deine Ideale! Nimm das mit, was sich gut anfühlt, und lass den Rest einfach liegen.

Du musst nicht schon wieder etwas machen, ändern oder verbessern. Lass los und erlaube dir, einfach nur zu sein.

DINGE, DIE DU LOSLASSEN DARFST

ERWARTUNGEN

SELBSTKRITIK

PEOPLE PLEASING

VERGLEICHE

FREMDE IDEALE

Wovon fühlst du dich gerade überfordert?

Wir haben Menschen im Rahmen einer Umfrage gebeten, uns zu erzählen, was ihre persönlichen Stressoren sind. Die folgenden Antworten wurden sehr häufig genannt.

Kreise alles ein, was auch für dich zutrifft – und ergänze auch gern deine eigenen Stressoren.

MEINE ARBEIT

DER HAUSHALT

ZU VIELE TERMINE

Das Gefühl, unfair behandelt zu werden

Überstunden

Das Gefühl, dass meine Bemühungen unerkannt bleiben

QUARANTÄNE

Die stets perfekte und motivierte Welt auf Instagram

Versagensängste

KINDERBETREUUNG

Die Situation, an zu vielen Stellen gleichzeitig gebraucht zu werden

KRANKHEIT

MEINE BACHELOR-/ MASTERARBEIT

FINANZIELLE PROBLEME

Zeitdruck

UNGELÖSTE KONFLIKTE

Fehlende Wertschätzung für das, was ich alles tue

Stress als Dauerzustand

FORTBILDUNG

PFLEGE ANGEHÖRIGER

KONKURRENZDRUCK

PROJEKT-DEADLINES

Das Gefühl, keine Kontrolle zu haben

SCHLAFMANGEL

Trauer

Das Gefühl, alles allein stemmen zu müssen

PRÄSENTATION/ VORTRAG HALTEN

Vermeintliche Erwartungen anderer

BEWERBUNGEN SCHREIBEN

Schuldgefühle

Einsamkeit

DAS GEFÜHL, FUNKTIONIEREN ZU MÜSSEN

Umzug

Keine Zeit, meine Emotionen zu verarbeiten

LÄRM

Gefühl der Hoffnungslosigkeit

VERGLEICHE MIT ANDEREN, DIE WEITER SIND ALS ICH

Etwas anderes: ____________________

Warum gehen wir so hart mit uns selbst um?

Es ist vollkommen normal, dass uns unser Selbstvertrauen hin und wieder im Stich lässt. Niemand fühlt sich rund um die Uhr großartig und unbesiegbar.

Doch oft reagieren wir falsch darauf, wenn sich Gefühle der Unzulänglichkeit bei uns melden: Wir behandeln uns rücksichtslos und vorwurfsvoll, wenn wir einen Fehler gemacht haben und unserem Anspruch nicht gerecht werden konnten.

Mit einer anderen Person würden wir vermutlich niemals so reden. Warum also mit uns selbst?

Einfach ausgedrückt lässt sich diese Problematik auf ein gestörtes Gleichgewicht zwischen zwei Faktoren zurückführen:

1. Wir überschütten uns mit zu viel Selbstkritik, während wir uns
2. gleichzeitig zu wenig Selbstfürsorge schenken.

Natürlich gehören zu unserem menschlichen Sein auch Selbstkritik und Gefühle der Scham. Doch wenn die beiden oben erwähnten Kräfte aus der Balance geraten, leiden wir. Und natürlich wissen wir, dass uns das nicht guttut. Die alten Muster zu verändern, ist allerdings keine leichte Aufgabe.

Die Ursachen für unser Verhalten sind sehr individuell und unterschiedlich: Zum einen neigen manche Menschen durch ihre Veranlagung stärker zu ängstlichem und selbstkritischem Verhalten als andere.*

---

* Gottschalk, Michael G./Domschke, Katharina: Genetics of generalized anxiety disorder and related traits, in: Dialogues in Clinical Neuroscience (DCNS), Bd. 19, Nr. 2, 2017, doi:10.31887/DCNS.2017.19.2/kdomschke, S. 159–168

Eine andere Erklärung für unsere Verhaltensmuster finden wir in unseren früheren Erfahrungen – also in den Empfindungen, die wir vor allem als Kind durch unsere Familie, Gleichaltrige und unsere Kultur verinnerlicht haben.

Es kann zum Beispiel sein, dass du als Kind zwar finanziell und körperlich gut umsorgt wurdest, dich aber emotional verlassen gefühlt hast. Vielleicht wurde dir durch deine Bezugspersonen der Eindruck vermittelt, dass du nur Aufmerksamkeit und Wertschätzung erfährst, wenn du dich besonders angestrengt hast. Oder du hast oft Sätze wie »Reiß dich zusammen!« oder »Sei tapfer!« zu hören bekommen und hast daher beschlossen, dass es das Sicherste ist, deine Emotionen zu unterdrücken.

Unsere Muster aus Kindertagen zeigen sich auch im Erwachsenenalter, zum Beispiel durch den Hang zu unerbittlicher Selbstkritik und zu Perfektionismus. Wir reden uns ein: »Wenn ich mich selbst kritisiere, können andere mich wenigstens nicht angreifen!« Insgeheim glauben wir, durch diese Haltung weniger Fehler zu machen und dafür endlich die erhoffte Anerkennung zu erhalten. Und – du ahnst es schon – unser leistungsbezogenes Schulsystem und die Arbeitswelt verstärken dieses Verhalten noch zusätzlich.

Es kann also viele Gründe dafür geben, dass du dich manchmal unsicher fühlst und an dir zweifelst. In den meisten Fällen wirst du dir diese Verhaltensweisen angeeignet haben, weil es damals hilfreiche Strategien waren, um dich vor Verletzungen zu schützen. Mach dir bewusst, dass deine Eltern und andere Bezugspersonen womöglich auch nicht über das Selbstwertgefühl verfügt haben, das du dir so sehr wünschst. An deiner Vergangenheit kannst du zwar nichts mehr ändern. Aber du kannst dir und anderen jetzt und in der Zukunft mit mehr Wohlwollen begegnen.

WER ODER WAS VERMITTELT DIR MANCHMAL DAS GEFÜHL, NICHT ZU GENÜGEN?

- ☐ Meine eigenen Gedanken
- ☐ Mein:e Partner:in
- ☐ Freund:innen
- ☐ Benotungssystem in Studium und Schule
- ☐ Vorgesetzte
- ☐ Kolleg:innen
- ☐ Meine ganze Umwelt
- ☐ Soziale Netzwerke
- ☐ Werbung
- ☐ Medien: Fernsehen, Zeitschriften, Bücher
- ☐ Unüberlegte Kommentare von anderen
- ☐ Meine Eltern
- ☐ Angehörige
- ☐ Kritik von anderen
- ☐ Gesellschaftliche Normen
- ☐ Jemand/etwas anderes:

SELBSTACHTUNG,

SELBSTVERTRAUEN,

SELBSTWERT, ...

ALLE FANGEN MIT »SELBST« AN, WEIL WIR SIE NUR IN UNS FINDEN KÖNNEN.

Es gibt eine Menge Begriffe, die mit »Selbst« anfangen, aber was meinen sie wirklich? Lass uns ein wenig Licht ins Dunkel bringen!

Selbstwert/-gefühl: die Überzeugung, dass wir, so wie wir sind, gut sind. Wenn wir unseren Selbstwert positiv bewerten, zeigen wir Selbstachtung.

Selbstvertrauen: der Glaube, dass wir eine Aufgabe mit unseren Fähigkeiten meistern können.

Selbstbewusstsein: bedeutet, sich seiner selbst bewusst zu sein, also in gutem Kontakt mit der eigenen Gefühlswelt zu stehen. Selbstbewusstsein wird oft mit Selbstvertrauen verwechselt.

Selbstliebe/-akzeptanz: meint die Annahme dessen, was uns auszeichnet, auch unsere Fehler. Das heißt nicht, dass wir unsere Schwächen toll finden müssen. Aber es ist wichtig, zu ihnen zu stehen.

Selbstmitgefühl: bedingungslose Freundlichkeit mit uns selbst. Auch dann, wenn wir gerade enttäuscht von uns sind.

Selbstbild: wie wir uns selbst einschätzen. Das Selbstbild kann stark von dem Bild, das andere von uns haben, abweichen.

Selbstwirksamkeit: die Gewissheit, dass wir Einfluss haben und Herausforderungen meistern können.

Selbstsicherheit: die Gewissheit, dass wir erfolgreich Aufgaben bewältigt haben und das auch wieder schaffen werden.

Gut zu wissen: Jede der hier beschriebenen Eigenschaften ist erlernt und nicht angeboren. Das bedeutet, dass du sie jeden Tag stärken und trainieren kannst, selbst wenn du vielleicht nicht mehr ganz jung bist!

TEIL 1:

Du *machst* genug.

ES IST OKAY,

DASS DU KEINE ACHT ARME
WIE EIN OKTOPUS HAST!

DU BIST EIN MENSCH.

ES IST NICHT
DEINE SCHULD!

Warum Leistungsdruck so schädlich ist

Stress hat selten nur eine Ursache. Rede dir auf keinen Fall ein, dass nur du oder deine Gedanken allein Schuld an deiner Situation sind.

Nicht du bist kaputt, sondern die Systeme, in denen wir uns tagtäglich bewegen. Viel Leidensdruck entsteht durch Faktoren, die du gar nicht direkt beeinflussen kannst, wie beispielsweise Leistungsdruck auf der Arbeit, Schreckensnachrichten aus aller Welt, Diskriminierung, Care-Arbeit, gesellschaftliche Normen und vieles mehr.

Das geht schon bei den Jüngsten los. Sie fühlen sich durch die Angst vor schlechten Noten, zu vielen Hausaufgaben und Erwartungsdruck durch ihr Umfeld zuehmend gestresst. 73 % der Schülerinnen geben an, sehr hohe Erwartungen an sich selbst zu haben. Bei den Jungen sind es 54 %.*

Dieser Stress setzt sich im Erwachsenenalter fort. 63 % der Menschen in Deutschland empfinden ihr Stresslevel als hoch oder eher hoch. Psychische Erkrankungen stellen mittlerweile sogar die Hauptursache für ein vorzeitiges Ausscheiden aus dem Berufsleben dar.**

Wie weitreichend sich Stress und überhöhte Erwartungen auswirken, kannst du auch den Aussagen auf den folgenden Seiten entnehmen.

---

* forsa: Umfrage im Auftrag von studienkreis.de, 2020, https://www.studienkreis.de/unternehmen/presse/pressemitteilungen/pressemitteilungen-2020/schulstress/ (abgerufen am 07.03.2022)

** Meinungsforschungsinstitut YouGov: Umfrage im Auftrag von Swiss Life unter 2027 Personen ab 18 Jahren, 2019, https://www.swisslife.de/ueber-swiss-life/presse/pressemitteilungen/newsfeed/2019/07-24.html (abgerufen am 26.03.2022)

Wo erkennst du dich wieder?

»ICH LERNE VIEL UND LASSE DAFÜR SOGAR OFT MEINE HOBBYS AUSFALLEN. TROTZDEM HABE ICH EIN SCHLECHTES GEWISSEN, WENN MEINE NOTEN NICHT GANZ SO GUT SIND.«

»Mein Arbeitgeber setzt mich unter Druck, dass ich endlich meine Prüfung mache, damit ich den Personalmangel in der Region auffangen kann.«

»Das Klischee der Powerfrau, die alles unter einen Hut bekommt: Beruf – am besten in leitender Position –, Familie, Haushalt, Beziehung, soziales Engagement, und natürlich hat sie auch einen Traumbody ... Können in den Medien bitte endlich ganz normale Frauen gezeigt werden?«

»Der Stress ist Dauerzustand: Pandemie, Schulkind in der Pubertät, Stress im Job. Es ist einfach alles zu viel.«

»Ich bin immer wieder entsetzt, wie viele Menschen aus dem Leben einen Wettbewerb machen.«

»DIE VERANTWORTUNG IN JEDEM EINZELNEN LEBENSBEREICH WIEGT SCHON SCHWER. ABER DIE AKTUELLEN NACHRICHTEN GEBEN MIR DEN REST.«

»Mich stresst, dass es so wenig Toleranz für unterschiedliche Lebensentwürfe gibt. Bricht man aus, wird man ausgegrenzt und kritisiert.«

»Die Selbstverständlichkeit, mit der Überstunden und Selbstausbeutung zum guten Ton gehören, macht mich fassungslos.«

»Ich liege krank im Bett, und trotzdem erwartet mein Arbeitgeber, dass ich eine Präsentation vorbereite, weil wir doch jetzt alle Home Office machen. Ich kann nicht mehr!«

»Wir leben in einer toxischen Kultur der gegenseitigen Kritik. Lob kann man schon gar nicht mehr genießen, weil man schon ahnt, dass garantiert gleich eine Kritik folgt.«

»Als ich meine kranke Mutter pflegte, fühlte ich mich ständig erschöpft und hatte wenig Kraft, Zeit mit Freunden zu verbringen. Einige haben sich von mir zurückgezogen, als sie merkten, dass ich gerade keine Stimmungskanone bin. Das hat mich noch einsamer gemacht.«

»Ich habe bei der Arbeit viel zu tun und ich mag meinen Job, aber ich werde wenig geschätzt. Ich halte mich oft zurück, weil ich keine Muttersprachlerin bin.«

Das meiste haben
wir gewöhnlich
in der Zeit getan,
in der wir glaubten,
zu wenig zu tun.

Marie von Ebner-Eschenbach

Obwohl Gedanken
nichts wiegen, kann
man unter ihrer
Last leiden.

»Erst die Arbeit, dann das Vergnügen.«
»Das Bessere ist der Feind des Guten.«
»Den Letzten beißen die Hunde.«

Erkennst du dich in einem dieser Sprichwörter wieder? Hinter diesen Aussagen können sich Verhaltensmuster verstecken, die wir über Jahre hinweg verinnerlicht haben.

Der US-amerikanische Psychologe Taibi Kahler fand in den 1970er-Jahren heraus, dass Menschen bestimmte Verhaltensgewohnheiten viel häufiger einsetzen als andere und sich unbewusst von ihnen leiten lassen.* Daraus leitete er fünf Antreiber ab, die wie innere Befehle unsere Entscheidungen und unser Handeln steuern:

1. **Sei stark!**
2. **Sei perfekt!**
3. **Mach es allen recht!**
4. **Mach schnell!**
5. **Streng dich an!**

Nach Kahler besitzt jeder Mensch alle Antreiber. Meistens sind aber ein oder zwei von ihnen besonders stark ausgeprägt. In herausfordernden Situationen zeigt sich unser primärer Antreiber besonders gerne und sorgt dann gerne noch für zusätzlichen Stress.

Das Fiese an den Antreibern ist, dass wir nicht das Gefühl haben, eine Wahl zu haben. Wir fühlen uns dazu gezwungen, uns nach ihren Maximen zu richten. So kann das übertriebene Ausleben einer eigentlich guten Eigenschaft zu einem riesigen Energieräuber werden.

Erst, wenn wir das Gefühl haben, wählen zu können, werden uns unsere inneren Antreiber richtig nützlich. Wir können dann zum Beispiel stark sein, wenn wir es wollen – und nicht weil wir denken, dass wir keine andere Alternative haben!

---

* Kahler, Taibi/Hedges Capers: The Miniscript, in: Transactional Analysis Bulletin, Bd. 4, Nr. 1, 1974, doi:10.1177/036215377400400110, S. 26–42

Was sind deine Antreiber?

Auf den ersten Blick klingen die fünf inneren Antreiber allesamt ziemlich streng und unerbittlich. Doch deine inneren Antreiber sind nicht per se schlecht. Denn sie bieten dir die Antwort auf eine ganz zentrale Frage, die dich und alle anderen Menschen schon seit der Kindheit beschäftigt:

»Was kann ich tun, um zu genügen und gemocht zu werden?«

Als Antwort auf diese Frage hast du bestimmte Antreiber entwickelt. Diese Antreiber handeln in deinem besten Interesse: Sie wollen dir Sicherheit, Wertschätzung, Zuneigung und Erfolg sichern. Sie möchten dir helfen, das unangenehme und schmerzhafte Gefühl des Nicht-okay-Seins zu überwinden. Wenn du ihnen jedoch erlaubst, ungebremst dein Verhalten zu beherrschen, verursachen sie auch eine Menge Leid. Sie können dir unbewusst das Gefühl vermitteln:

»Ich bin nur dann in Ordnung, wenn ich Erwartungen erfülle!«

Deine eigenen Antreiber zu erkennen, gibt dir das nötige Werkzeug an die Hand, um dich selbst besser vor Stress und Selbstoptimierung zu schützen. Die folgenden Seiten helfen dir, deine inneren Antreiber und damit verbundene Glaubenssätze zu identifizieren.

Außerdem lernst du die Ressourcen kennen, die deine Antreiber für dich bereithalten, um im Leben vorwärts zu kommen und dir deine Wünsche zu erfüllen.

Steckbrief: »Sei stark!«

TYPISCHE SÄTZE VON MIR:

»Wenn ich es nicht mache, macht es niemand.«
»Nur die Harten kommen in den Garten.«
»Wie es mir geht, geht niemanden etwas an.«

MEINE STÄRKEN:

Ich bin sehr tatkräftig und habe ein gutes Durchhaltevermögen.

MEINE SCHWÄCHEN:

Ich will mich am liebsten nie von anderen abhängig machen. Ich rede nicht gern darüber, wie ich mich fühle, und bin oft misstrauisch.

Erkennst du dein Verhalten hier wieder? Wie kannst du dir selbst bewusst machen, dass du okay bist, auch wenn du mal nicht stark bist?

Beispiel: »Ich muss meine Last nicht allein tragen. Ich darf mich mitteilen.«

Steckbrief: »Sei perfekt!«

TYPISCHE SÄTZE VON MIR:

»Es gibt immer Raum für Verbesserungen.«
»Ich muss alles unter Kontrolle haben.«
»Das Bessere ist der Feind des Guten.«

MEINE STÄRKEN:

Ich habe eine Liebe zum Detail und arbeite sehr genau.

MEINE SCHWÄCHEN:

Mir fällt es schwer, fertig zu werden, und ich verzettle mich. Ich möchte mir Anerkennung durch Bestleistungen verdienen. Ich fürchte, wenn ich fehlerhaft und einfach nur ich selbst bin, bin ich wertlos.

Welche Selbstbekräftigungen kannst du formulieren, um dir zu zeigen, dass du nicht immer perfekt sein musst?

Beispiel: »Ich darf zwischen wichtig und unwichtig unterscheiden.«

Steckbrief: »Mach es allen recht!«

TYPISCHE SÄTZE VON MIR:

»Ich will niemanden enttäuschen.«
»Ich kann nicht Nein sagen.«
»Konflikten gehe ich lieber aus dem Weg.«

MEINE STÄRKEN:

Ich bin sehr empathisch und ein:e Teamplayer:in.

MEINE SCHWÄCHEN:

Ich denke, dass ich nur Zuneigung verdiene, wenn ich mich nach anderen richte. Wenn ich es mal nicht tue, fühle ich mich unnütz und überflüssig.

Welche Sätze kannst du formulieren, die dir erlauben, auch mal an dich zu denken?

Beispiel: »Ich darf auch mal Nein sagen.«

Steckbrief: »Mach schnell!«

TYPISCHE SÄTZE VON MIR:

»Zeit ist Geld.«
»Ich muss nur noch schnell was erledigen.«
»Wer rastet, der rostet.«

MEINE STÄRKEN:

Ich arbeite effizient und bin sehr entscheidungsfreudig.

MEINE SCHWÄCHEN:

Ich bin immer beschäftigt und habe Angst, etwas zu verpassen. Ich rede oft schnell und arbeite hastig, weil ich fürchte, anderen ihre Zeit zu stehlen.

Welche Erlauber-Sätze verhelfen deinem inneren Antreiber zu mehr Ausgeglichenheit?

Beispiel: »Ich darf Pausen machen.«

Steckbrief: »Streng dich an!«

TYPISCHE SÄTZE VON MIR:

»Ich kann es schaffen, wenn ich mich nur genug anstrenge.«
»Ohne Fleiß kein Preis!«
»Wenn ich etwas anfange, bringe ich es auch zu Ende.«

MEINE STÄRKEN:

Ich bin begeisterungsfähig, engagiert und kreativ.

MEINE SCHWÄCHEN:

Ich bin oft überfordert und schnell frustriert, wenn ich Dinge nicht zu Ende bringen kann. Ich habe das Gefühl, nie gut genug zu sein, wenn ich nicht bis an meine Grenzen gehe.

Wie kannst du dir liebevoll zeigen, dass du okay bist, auch wenn du mal loslässt?

Beispiel: »Fleiß ist wichtig, aber ich darf mich auch ausruhen.«

Wie gut ist gut genug?

Hast du manchmal auch das Gefühl, dass irgendwie alles gleich wichtig ist? Uns fällt es oft schwer, nicht einfach in den Hektik-Modus zu verfallen, sondern bewusst wahrzunehmen, was sofort getan werden muss und was nicht.

Eine gute Faustregel zum Vorsortieren ist hier: Alles erledigen, was in unter 3 Minuten vom Tisch ist! Alles andere entweder delegieren oder auf die Irgendwann-mal-Liste verbannen, bis neu verhandelt wird.

Es kann eine große Herausforderung sein, Aufgaben als erledigt abzuhaken, weil wir oft das Gefühl haben, dass sie noch nicht gut genug sind. Besonders Menschen mit dem starken inneren Antreiber »Sei perfekt« werden dieses Gefühl kennen. Falls das auf dich zutrifft, kommt hier eine wichtige Erinnerung für dich:

Arbeite nicht, bis du ein gutes Gefühl hast!

Dein Gefühl kann dich trügen.

Stress und Hektik nehmen immer weiter zu und dennoch bist du trotz aller Bemühungen nicht zufrieden mit deiner Arbeit. Langfristig brennt dich dieses Verhalten aus.

Vielleicht hast du schon einmal vom Pareto-Prinzip oder der sogenannten 80-20-Regel gehört. Sie wird oft im Zusammenhang mit Produktivität erwähnt. Aber ist dir bewusst, dass sie dir vor allem dabei helfen kann, gesunde Ansprüche zu definieren und Stress zu reduzieren?

Der Entdecker des Pareto-Prinzips, der italienische Philosoph und Wirtschaftswissenschaftler Vilfredo Federico Damaso Pareto, war offenbar auch ein begeisterter Gärtner. Denn eines Tages bemerkte er, dass nur 20 % seiner Erbsenpflanzen sagenhafte 80 % aller gesunden Erbsenschoten produzierten. Diese Entdeckung wollte er überprüfen und übertrug sie auch auf andere Themengebiete.

Reifer werden heißt,
schärfer trennen und
inniger verbinden.

HUGO VON HOFMANNSTHAL

Dabei stellte er fest, dass 80 % des Grundbesitzes in der Hand von nur 20 % der Bevölkerung waren. Auch 80 % der Landesproduktion entstammten lediglich 20 % der Unternehmen. Aus Paretos Erkenntnissen entstand die Faustregel:

Wir können mit nur 20 % Aufwand bis zu 80 % unseres gewünschten Resultats erreichen. Oder mit anderen Worten: Minimaler Aufwand, maximaler Effekt.

Ein paar Beispiele aus dem Alltag:

- Vielleicht besitzt du zehn Hosen, aber in 80 % der Fälle greifst du zu denselben zwei, die einfach am bequemsten sitzen.
- Mit minimalem Aufwand verschwindet das ganze Spielzeug deiner Kinder in einer Kiste – und schon sieht die ganze Wohnung gleich viel besser aus.
- Einfach mal das dreckige Geschirr in den Geschirrspüler räumen, und schon sieht die ganze Küche viel einladender aus.
- In einer nicht ganz so geschliffenen Präsentation stecken alle wichtigen Informationen für dein Team. Der Rest ergibt sich ohnehin erst später im Gespräch.

Nicht immer handelt es sich um ein exaktes 80:20-Verhältnis, aber mach dir bewusst: Es besteht ein großes Ungleichgewicht zwischen deinem persönlichen Kraftaufwand und dem erhofften Ergebnis!

Wie auch immer deine persönliche Situation gerade aussieht: Erinnere dich daran, dass die Kunst des Weglassens keine Faulheit ist! Du verlierst nicht deine Fähigkeiten und deine Exzellenz, nur weil du dir erlaubst, bewusst auf Unnötiges zu verzichten!

Übung:

Was sind deine 20 %, die einen echten Unterschied machen? Und was sind die trivialen 80 %, die dich zwar wahnsinnig viel Kraft kosten, aber nichts zu deinem Wohlbefinden beitragen?

Das ist mein »gut genug«, wenn es um meine Wohnung und den Haushalt geht:

Das ist mein »gut genug«, wenn es um Beziehungen zu Familie und Freund:innen geht:

Das ist mein »gut genug«, wenn ich an meinen Job denke:

Das ist mein »gut genug«, wenn ich an mein Aussehen und meine Gesundheit denke:

ES IST OKAY,

WENN DU NEIN SAGST.

SO HILFST DU DIR SELBST UND ANDEREN, GRENZEN ERNST ZU NEHMEN.

Heute schon Nein gesagt? Die Checkliste

Du kannst keine Prioritäten setzen, ohne Nein zu sagen. Schnell ist der Impuls da, Ja zu sagen, obwohl du eigentlich schon genug zu tun hast.

- ☐ Hast du dir genug Bedenkzeit erlaubt? Beispiel: »Ich muss darüber kurz nachdenken und sage dir in 20 Minuten/ morgen/nächste Woche Bescheid.«
- ☐ Hast du dir bewusst gemacht, welche Folgen deine Entscheidung für deine Energie und dein Wohlbefinden hat?
- ☐ Hast du Stellung bezogen, ohne dich kleinzumachen und dauernd zu entschuldigen?
- ☐ Hast du deinen Wunsch geäußert, ohne aus Angst auf eine Ausrede zurückzugreifen?
- ☐ Hast du auch Verständnis für das Anliegen der anderen Person gezeigt?
- ☐ Hast du klargemacht, dass dein Nein nichts mit dem Wert der Person zu tun hat, sondern lediglich mit der Sache?

Super! Du hast Haltung gezeigt und bist respektvoll mit deinen Mitmenschen und deinen eigenen Grenzen umgegangen. Fühlt sich gut an, nicht wahr?

Die Belohnung für Anpassung ist, dass jeder dich mag, außer du dich selbst.

Rita Mae Brown

Not-to-do-Liste

Lege eine Not-to-do-Liste an. Welche Projekte, Aufgaben oder Einladungen möchtest du diese Woche bewusst nicht annehmen?

1. ______________________________

2. ______________________________

3. ______________________________

4. ______________________________

5. ______________________________

6. ______________________________

7. ______________________________

8. ______________________________

9. ______________________________

10. ______________________________

»Hast du heute schon Reis gegessen?«

Diese Redewendung ist in Asien allgegenwärtig. Überall, wo Reis das Hauptnahrungsmittel ist, ist dieser Satz in irgendeiner Form bei der Begrüßung zu hören. Gemeint ist damit implizit: »Wie geht es dir? Hast du dich um dich gekümmert?«

Wer Nein sagt, wird auf der Stelle bewirtet, denn dann wird angenommen, dass irgendetwas schiefgegangen sein muss! Wir möchten dich mit dieser Anekdote daran erinnern, jetzt einmal kurz bei dir selbst einzuchecken:

Wie fühlst du dich gerade?

Hast du dir heute Zeit für dich selbst genommen?

Hast du deinen Emotionen genug Raum gegeben?

Hast du heute genug getrunken?

Hast du ausreichend gegessen?

Unsicher, was dir gerade fehlt? Kein Problem, frag unser kleines Suchsel! Das erste Wort, das dir ins Auge springt, verrät es dir.

U	V	H	J	R	T	M	T	W	L	Z	S	G	M	L
B	K	T	Y	Z	K	J	G	H	L	A	C	H	E	N
D	A	U	Q	O	O	V	O	W	E	O	H	P	D	I
T	N	T	I	S	Y	K	T	H	W	B	L	A	I	R
R	E	I	O	H	Q	V	E	R	T	R	A	U	E	N
K	R	A	F	T	R	Q	K	O	A	H	F	S	F	P
I	K	F	X	H	U	M	O	R	K	L	I	E	B	E
V	E	R	G	E	B	U	N	G	E	D	U	L	D	R
R	N	L	T	C	Z	O	F	S	N	G	T	V	V	N
U	N	G	E	I	S	T	E	S	B	L	I	T	Z	O
H	U	E	E	H	E	A	T	B	L	V	M	K	U	I
E	N	C	R	H	J	T	T	B	U	G	N	R	D	W
A	G	K	Y	O	A	U	I	Q	M	L	V	W	C	Y
O	Y	N	L	F	D	M	V	S	E	C	S	Q	X	L
O	D	A	C	F	N	A	G	X	N	B	E	I	S	S
Q	D	J	W	N	S	R	J	B	J	F	Y	P	R	W
L	O	B	R	U	J	M	I	F	S	Q	K	D	N	E
E	M	R	M	N	O	U	Q	F	B	H	I	Q	H	X
O	J	N	U	G	P	N	X	U	X	S	I	O	G	N
D	O	Q	T	X	N	G	D	J	U	B	S	P	A	N

Das Leben findet
auch statt, wenn du
es nicht postest!

ALLES, WAS DU TUST, HAT EINEN WERT – AUCH, WENN ANDERE KEINE NOTIZ DAVON NEHMEN. IN EINER SO DIGITALISIERTEN WELT WIE UNSERER KANN DAS SCHNELL IN VERGESSENHEIT GERATEN.

MACH DOCH MAL FÜR EINEN TAG – ODER EINE GANZE WOCHE – PAUSE VON SOZIALEN NETZWERKEN. NIMM DIR ZEIT, ETWAS FÜR DICH ALLEIN ODER MIT DEINEN LIEBLINGSMENSCHEN ZU ERLEBEN.

ZUM BEISPIEL KÖNNTEST DU ETWAS KOCHEN ODER EINEN AUSGEDEHNTEN SPAZIERGANG MACHEN, OHNE DABEI FOTOS FÜR DIE NETZWELT ZU MACHEN. FÜR DIE SCHÖNSTEN DINGE IM LEBEN BRAUCHST DU KEIN LIKE!

Die Arbeit ist
nicht zu Ende,
aber es ist Zeit
aufzuhören.

Die Arbeit endet einfach nie. Je mehr du tust, desto mehr Arbeit gibt es. Egal, ob es sich dabei um den Beruf handelt, Verpflichtungen im Alltag oder sogar die Freizeit. Denn auch deine Pläne, die Wohnung mal wieder umzugestalten, Besuch einzuladen oder joggen zu gehen, sind Arbeit. Auch, wenn du dich richtig darauf freust.

Oft fühlt es sich so an, als würde noch ein kleines bisschen mehr gehen. Doch egal, wie stark du dich anstrengst: Wenn eine Aufgabe beendet ist, folgt die nächste auf dem Fuße.

Das bedeutet aber auch: Es gibt keinen Grund, sich die schönen Dinge des Lebens ständig vorzuenthalten und der Zeit hinterherzuhechten!

Probier doch mal die folgende Übung aus. Du ahnst nicht, wie wirksam dieser kleine Trick ist!

1. **Schieb deinen Stuhl zurück und stell dich gerade hin.**
2. **Sag laut: »Die Arbeit ist nicht zu Ende, aber es ist jetzt an der Zeit aufzuhören.«**
3. **Zieh die Mundwinkel nach oben und erlaube dir ein Lächeln. Genieß deinen Feierabend!**

Warum diese Übung wirkt? Embodiment!

Unsere Empfindungen beeinflussen unseren Körper, doch umgekehrt kann auch unsere Körperhaltung unsere Empfindungen beeinflussen. Dieses Phänomen nennt sich »Embodiment« (übersetzt: Verkörperung). Wir können unseren Körper – dazu gehören zum Beispiel Haltung, unsere Gesichtsmuskeln und auch die Stimme – bewusst zur Steigerung unseres Wohlbefindens einsetzen und damit unser Unterbewusstsein beeinflussen.*

* Niedenthal, Paula M./Barsalou, Lawrence W./Winkielman, Piotr/Krauth-Gruber, Silvia/Ric, François: Embodiment in Attitudes, Social Perception, and Emotion, in: Personality and Social Psychology Review, Bd. 9, Nr. 3, 2005, doi:10.1207/s15327957pspr0903_1, S. 184–211

Pausen musst du dir nicht verdienen!

»Erst die Arbeit, dann das Vergnügen.«

Ein Satz, den wir alle kennen. Wie stehst du dazu? Glaubst du manchmal, dass du dir Pausen und Erholung erst einmal verdienen musst?

Viele Menschen arbeiten mit Belohnungen, um sich zu motivieren: »Wenn ich diese Aufgabe bis nächste Woche fertig bekomme, gönne ich mir endlich mal wieder meine Lieblingspizza!«

Natürlich spricht nichts dagegen, dass wir unsere Erfolge feiern. Das sollten wir unbedingt tun, egal wie klein oder groß sie sind. Aber sich die guten Dinge des Lebens durch Leistung verdienen – das finden wir gefährlich!

Unsere Idee: Probier doch auch mal das Gegenteil aus und schau, was passiert.

»Erst das Vergnügen, dann die Arbeit!«

Wir fühlen uns erfüllter, glücklicher und motivierter, wenn wir gut für uns gesorgt haben. Entspannung – auch wenn es nur 5 Minuten sind – ist wichtig für unser Gehirn und senkt das Stresslevel.

Stress beeinträchtigt die Fähigkeit, planvoll vorzugehen. Dadurch machen wir Fehler, die für noch mehr Stress sorgen. Wenn du dir alles Schöne verbietest, bis deine To-do-Liste komplett erledigt ist – was sie ja nie ist! –, riskierst du deine mentale Gesundheit. Deshalb ist es so wichtig, einen Schritt zurückzutreten und aus dem Hamsterrad auszusteigen. Nur so erhältst du die Fähigkeit zurück, deine eigene Situation mit Ruhe und Klarheit zu bewerten und eine kluge Entscheidung zu treffen.

NIMM SO
VIELE DU
BRAUCHST!

PAUSE PAUSE PAUSE PAUSE PAUSE PAUSE PAUSE PAUSE

AFFIRMATIONEN FÜR STRESSIGE ZEITEN

ICH SETZE EINEN FUSS VOR DEN ANDEREN.

ICH ATME TIEF DURCH UND BLEIBE BEI MIR.

ICH NEHME RÜCKSICHT AUF MEINE BEDÜRFNISSE.

ICH GÖNNE MIR PAUSEN.

ICH KONZENTRIERE MICH NUR AUF DAS HEUTE.

ICH DARF NEIN SAGEN.

Achtung: Selbstbekräftigungen funktionieren nur, wenn du sie dir auch selbst abnimmst. Andernfalls wird deine Intuition dir die Rote Karte zeigen! Wenn du einen inneren Widerstand beim Lesen und Wiederholen einer Aussage spürst, ist sie nicht die richtige für dich. Formuliere deine persönliche Affirmation so, dass du ihr von Herzen zustimmen kannst.

DASS UNS EINE SACHE
FEHLT, SOLLTE UNS NICHT
DAVON ABHALTEN, ALLES
ANDERE ZU GENIESSEN.

Jane Austen

Wir lagen auf
der Wiese
und baumelten
mit der Seele.

Kurt Tucholsky

»Normalerweise nutze ich jede Minute des Tages so produktiv wie nur möglich. Während ich darauf warte, dass mein Teewasser endlich anfängt zu kochen, beantworte ich meistens noch schnell eine E-Mail. Oder ich beantworte Kommentare auf Instagram. Aber neulich war es anders. Ich stand einfach bloß am Fenster und habe die kleinen Meisen im Baum beobachtet. Das war einer der erholsamsten Momente des Tages.«

Kennst du solche Situationen? Versuchst du manchmal, noch das letzte bisschen Effizienz aus dem Tag herauszupressen? Wenn du das nächste Mal auf etwas wartest, lass dich doch einfach mal darauf ein. Lass die Seele für einen Moment baumeln und beobachte deine Umwelt. Was nimmst du wahr?

Oft sind es Kleinigkeiten wie diese, die es uns erlauben, für einen Moment zu entschleunigen.

TEIL 2:

Du *kannst* genug.

Denk dran:

Du musst nicht
alles können.

Um Hilfe zu bitten,
ist keine Schwäche.

Du musst nicht alles
glauben, was du denkst.

Du legst deine
eigenen Ideale fest.

Was kann ich denn schon?!

»Bin ich attraktiv genug?«

»Bin ich eine gute Mutter / ein guter Vater?«

»Bin ich eine gute Freundin / ein guter Freund?«

»Bin ich kompetent genug?«

»Sind meine Vorgesetzten zufrieden mit mir?«

Der Druck, unter dem wir stehen, ist schwer in Worte zu fassen. Das Fatale daran ist, dass selbstkritisches Verhalten in unserer leistungsorientierten Gesellschaft oft als normal gilt und sogar gefördert wird.

Frauen neigen dabei besonders zu Selbstzweifeln. Das hängt unter anderem mit Geschlechterstereotypen zusammen, die uns schon in der Kindheit vermittelt werden. Zum Beispiel wird eine Frau, die selbstsicher auftritt, schnell mit dem Etikett »nicht ladylike« versehen. Selbstbewusste Männer hingegen ernten für dasselbe Verhalten eher Bewunderung: »Der weiß genau, was er will!«

Die Folge kann sein, dass wir uns oft kleinmachen und kritisieren. Gleichzeitig verausgaben wir uns, um das ungute Gefühl der eigenen Unfähigkeit zu besiegen. Unser Umfeld interpretiert dies wohlwollend als Ehrgeiz und belohnt uns mit Anerkennung: »Wow, wie du das alles schaffst, einfach toll!« – Was für ein Teufelskreis! Insgeheim glauben wir, dass wir durch endlose Selbstoptimierung Fehler vermeiden können und so unseren Selbstwert steigern.

Wie ist es um dein Selbstwertgefühl bestellt? Mit dem Quiz auf der nächsten Seite kannst du es herausfinden!

QUIZ: WIE STEHT ES UM DEIN SELBSTWERTGEFÜHL?

- ☐ Wenn etwas schiefgeht, gebe ich meistens mir die Schuld.
- ☐ Ich zweifle oft an mir.
- ☐ Erfolge zu genießen, fällt mir schwer, ich mache lieber gleich weiter.
- ☐ Ich denke manchmal: »Hoffentlich merkt niemand, wie unfähig ich bin.«
- ☐ Komplimente sind mir eher unangenehm.
- ☐ Ich bitte selten um Hilfe.
- ☐ Es gibt nicht viel, worauf ich stolz bin.
- ☐ Die Meinung von anderen ist mir sehr wichtig.
- ☐ Ich vergleiche mich oft und fühle mich dann nutzlos.
- ☐ Manchmal denke ich, meine Erfolge sind bloßer Zufall.

Auswertung: Wenn du über die Hälfte der Aussagen mit »Ja« angekreuzt hast, ist es wahrscheinlich, dass deine Selbstzweifel dich mitunter in die Selbstoptimierungsfalle tappen lassen. Ein wirksames Gegenmittel ist Selbstakzeptanz – also die Annahme all dessen, was dich ausmacht. Das heißt nicht, dass du deine Schwächen toll finden musst. Aber es ist wichtig, zu deinen Ecken und Kanten zu stehen, auch wenn du gerade enttäuscht von dir bist. – Keine Sorge, auf den nächsten Seiten erwarten dich viele hilfreiche Übungen, mit denen du üben kannst, liebevoller mit dir selbst umzugehen.

GIB DIR ANERKENNUNG
FÜR ALL DIE TAGE,
ALS DU DACHTEST,
»DAS SCHAFFE ICH NICHT«.

MACH DIR SELBST EIN KOMPLIMENT.

WAS HAST DU HEUTE GUT HINBEKOMMEN?

Warum du nicht noch besser werden musst

1. Leidenschaft schlägt Perfektion.

Du musst nicht alles wissen, um anderen eine Hilfe zu sein. Auch nur einen Schritt im Leben weiter zu sein als eine andere Person, macht dich zu einer wertvollen Stütze, die ihren Erfahrungsschatz mit anderen teilen kann. Deine Leidenschaft und der Wunsch, einen Unterschied für andere zu machen, sind viel kraftvoller, als alles zu wissen.

2. Neugier schlägt Perfektion.

Unsere Welt verändert sich in einem rasanten Tempo. Das bedeutet, dass das, was du heute lernst, dir schon morgen vielleicht nichts mehr nützt. Das ist hart, aber kein Grund zur Panik! Es geht uns allen so. Es gibt kein Ankommen, denn das Leben ist ständig im Fluss. Verlass dich auf deine Neugier. Mit ihr an deiner Seite wirst du stets neue Lösungen für veränderte Umstände entwickeln können.

3. Mut schlägt Perfektion.

Denk mal an einen Moment, dem du dich nicht gewachsen gefühlt hast. Vielleicht war es die Geburt deines ersten Kindes oder ein neuer Job. Du hast dich unsicher und womöglich sehr ängstlich gefühlt, aber du hast es geschafft. Und zwar durch deinen Mut und deine innere Stärke, nicht durch Perfektion.

4. Sinn schlägt Perfektion.

Du selbst legst deine Ideale im Einklang mit deinen Werten und Bedürfnissen fest. Erfolg ist lediglich eine Frage der Wahrnehmung. Wie definierst du Erfolg für dich, wenn du gesellschaftliche Vorstellungen und Normen außer Acht lässt?

KAUM HAST DU DEIN ZIEL ERREICHT, WERDEN DIE GRENZEN SOFORT WIEDER VERSCHOBEN. ES GIBT KEIN ANKOMMEN.

ISABELL PROPHET

5. Potenzial schlägt Perfektion.

Zukunftsfähige Unternehmen achten nicht allzu sehr auf schilllernde Lebensläufe mit zahlreichen Zertifikaten und jahrelanger Berufserfahrung.* Dazu verändern sich die Anforderungen viel zu schnell. Wichtiger als Kompetenzen sind Eigenschaften wie Motivation, Neugier, Auffassungsgabe, Engagement und Entschlossenheit. Der Wille dazuzulernen, macht Menschen zu hervorragenden Führungspersönlichkeiten.

6. Balance schlägt Perfektion.

Hast du gewusst, dass unser Körper nach etwa 70 bis 80 Minuten fokussierter Arbeit von ganz allein in den Erholungsmodus umschaltet?** Ja genau, das ist der Moment, wenn du dich wunderst, warum du nur noch mit leerem Blick auf deinen Bildschirm starrst und dich zu nichts mehr motivieren kannst. Gönn dir jetzt eine kurze Pause! Du wirst nicht besser, wenn du dich auspowerst und dein Bedürfnis nach Entspannung ignorierst.

7. Exzellenz schlägt Perfektion.

Perfektion und Exzellenz sind zwei verschiedene Dinge. Perfektion ist das, was du niemals erreichen wirst. Exzellenz ist das, was herauskommt, wenn du immer wieder dein Bestes gibst und dich für kleine Schritte entscheidest. Dass es immer Luft nach oben gibt, ist kein Grund, deine Grenzen zu überschreiten. Du darfst in deinem eigenen Tempo wachsen.

8. Liebe schlägt Perfektion.

Echte, bedingslose Liebe erwartet keine Perfektion von dir. Vielleicht hast du diese Erfahrung als Kind nicht machen dürfen, und deshalb fällt es dir schwer, einfach so zu sein, wie du bist. Aber es ist noch nicht zu spät. Lieben und geliebt werden ist das, wozu du geboren wurdest.

---

* Fernández-Aráoz, Claudio: Talentmanagement im 21. Jahrhundert, Harvard Business Manager, August 2014, S. 18–31

** Frobeen, Anne: Pausen fördern die Leistung, 2021, https://www.tk.de/techniker/magazin/life-balance/balance-im-job/im-job-pausen-foerdern-leistung-2007200 (abgerufen am 26.03.2022)

EINE FESTUNG ZU STÜRMEN, EINE GESANDTSCHAFT ZU LEITEN, EIN VOLK ZU REGIEREN, DAS SIND FÜRWAHR FUNKELNDE TATEN. ABER TADELN, LACHEN, VERKAUFEN, BEZAHLEN, LIEBEN, HASSEN UND SANFTMÜTIG UND GERECHT MIT DEN SEINEN ZU LEBEN – UND MIT SICH SELBST, DAS BEDEUTET ETWAS NOCH VIEL AUSSERGEWÖHNLICHERES, SELTENERES UND INTENSIVERES.

Michel de Montaigne

Was siehst du zuerst?
Das weiße Blatt oder
den schwarzen Punkt?

Wenn es dir so geht wie uns, dann hast du bestimmt den schwarzen Punkt zuerst wahrgenommen. Herzlichen Glückwunsch, du bist normal!

Das menschliche Gehirn hat wissenschaftlichen Forschungen zufolge die Tendenz, sich gerne auf das Schlimmste einzustellen*, obwohl auch so viel Gutes da ist. Martin Seligman, Psychologe und Mitbegründer der positiven Psychologie, nennt es darum das katastrophische Gehirn. Es stürzt sich zielgerichtet auf alles, was nicht perfekt genug, nicht schön genug oder nicht ordentlich genug ist. Dabei vernichtet es auch gleich die guten Momente mit, sodass wir uns nur noch an das erinnern, was schlecht und unbefriedigend lief.

Unser Negativitätsbias hat eine wichtige Funktion, denn er erlaubt uns, potenzielle Gefahren schnell zu erkennen und rechtzeitig abzuwenden. Während der Nahrungssuche im Wald auf einen hungrigen Bären zu treffen, wäre zum Beispiel so eine Gefahr. Da kann man schon dankbar sein, wenn der Beerenstrauch am Wegesrand keine Rolle mehr spielt und stattdessen sämtliche Alarmglocken läuten!

Dumm nur, dass solche Gefahren längst der Vergangenheit angehören und unser Wahrnehmungsfilter trotzdem ziemlich aktiv ist. Das merkst du zum Beispiel, wenn du im Bett liegst und dich nur noch daran erinnern kannst, dass eine Kollegin deine Idee kritisiert hat, deine Freundin nicht auf deine Nachrichten reagiert und du gefühlt einfach nichts geschafft hast. Was dir in diesem Moment leider nicht einfällt: Dein Nachbar war so lieb, ein Paket für dich anzunehmen, dein Kind hat dir ein Bild gemalt und der ganzen Familie hat dein Nudelauflauf prima geschmeckt.

* Tierney, John/Baumeister, Roy F.: The Power of Bad: How the Negativity Effect Rules Us and How We Can Rule It, Penguin Press, 2019

Glaube nicht alles, was du denkst!

Wo Selbstakzeptanz fehlt, gibt es keine Ressourcen, um sich gegen die unbarmherzige Selbstkritik zu behaupten. Es besteht die Gefahr, dass wir uns mit der Zeit so stark mit den Gedanken unseres geringen Selbstwertgefühls identifizieren, dass wir sie nicht einmal bemerken.

Um dieses Muster aufzulösen, ist es wichtig, dass du die fiesen Stimmen erst einmal achtsam wahrnimmst. Achtsam bedeutet an dieser Stelle, dass du dem Drang widerstehst, dich für deine Gedanken zu verurteilen!

Je öfter dir das gelingt, desto weniger Macht können die kritischen Stimmen auf dein Wohlbefinden ausüben. Mit der Zeit wirst du dich immer weniger mit ihnen identifizieren. Sei dabei geduldig mit dir. Es hat viele Jahre gedauert, bis du zu deiner heutigen Selbstwahrnehmung gelangt bist. Gib dir die Zeit und Liebe, die du brauchst.

Wie oft kritisierst du dich selbst für dein Verhalten und deine Gedanken? Was sagt die Stimme in deinem Kopf zu dir? Ist sie aggressiv oder mitfühlend?

Beobachte dich einen Tag lang selbst und führe eine Strichliste über deine selbstkritischen Gedanken. Du brauchst nichts weiter zu tun, als sie wahrzunehmen und dir einen Strich zu notieren.

Wähle Leichtigkeit!

STATT:

»Ich habe versagt.« ____________________

»Ich kann nicht mehr.« ____________________

»Ich muss mehr Sport machen.« ____________________

»Ich muss gesünder essen.« ____________________

»Ich sehe mal wieder furchtbar aus.« ____________________

»Ich muss noch aufräumen.« ____________________

»Ich will, dass es perfekt wird.« ____________________

»Alle anderen sind viel weiter als ich.« ____________________

»Ich bin unkreativ und einfältig.« ____________________

»Ich schaffe das nicht.« ____________________

»Warum passiert das immer mir?« ____________________

VERSUCHE ES MIT:

»Ich lerne.«

»Ich brauche Ruhe.«

»Ich lerne, auf meinen Körper zu hören.«

»Ich erlaube mir, mein Essen zu genießen.«

»Mein Aussehen ist einzigartig und unverwechselbar.«

»Ich darf auch einfach mal nichts tun.«

»Ich gebe mein Bestes, und das reicht.«

»Was ist mir heute gut gelungen?«

»Ich kann mich auf vielfältige Art und Weise ausdrücken.«

»Ich fange erst mal an und schaue, wie weit ich komme.«

»Heute ist nicht mein Tag, und das ist okay.«

Was du alles schon in dir trägst

»Andere machen das eh viel besser.«
»Ach, das ist doch gar nichts.«
»Nicht der Rede wert.«

Wir halten uns oft für unfähig und unterlegen. Wie du eben gelesen hast, hängt das neben weiteren Faktoren auch mit der Veranlagung unseres Gehirns zusammen, schneller das Negative ins Blickfeld zu rücken. Da bist du also nicht allein!

Diese Veranlagung führt dazu, dass du manchmal den Wald vor lauter Bäumen nicht siehst. Dir fällt also gar nicht auf, wie viele Stärken und Ressourcen du eigentlich schon die ganze Zeit über in dir trägst. Darum kommen sie dir womöglich selbstverständlich vor. Für andere Menschen sind deine Fähigkeiten aber alles andere als selbstverständlich!

Deine persönlichen Stärken zu kennen und dich immer wieder an sie zu erinnern, stärkt dein Selbstvertrauen und macht dich weniger anfällig für den ständigen Drang nach Selbstoptimierung.

Damit du deinen Stärken auf die Spur kommen kannst, laden wir dich auf den nächsten Seiten zu zwei schönen Übungen ein.

Übung 1: Das schätzen andere an mir

Bei dieser Übung benötigst du die Hilfe von ein paar lieben Menschen, denen du vertraust und deren Meinung du schätzt.

Notiere dir mindestens drei, besser sogar fünf Personen, die dich gut kennen. Idealerweise sind das nicht nur Personen aus deinem engsten Freundes- und Familienkreis, sondern auch aus deinem beruflichen Umfeld.

Frag diese Menschen, was sie besonders an dir schätzen. Sei offen und sag ihnen, dass du gerade versuchst, dir deine Stärken bewusster zu machen, und dir dabei eine Außenperspektive wünschst.

Achte auch darauf, konkret zu werden. Wenn deine Kollegin z. B. sagt: »Ich schätze an dir, dass ich mich immer auf dich verlassen kann«, dann frag sie: »Kannst du dich an einen Moment erinnern, in dem du das besonders gemerkt hast?«

Übung 2: Das habe ich schon gemeistert

Jetzt reisen wir kurz zurück in die Vergangenheit. Wieso das? Weil sie wertvolle Erkenntnisse darüber liefern kann, wie du Herausforderungen bewältigt und Schwierigkeiten gemeistert hast. Wenn du erkennen kannst, welche Fähigkeiten dir damals Mut und Energie gegeben haben, können sie in der Zukunft für dich zu kraftvollen Ressourcen werden.

Besorge dir auch hier wieder Zettel und Stift und beantworte die folgenden drei Fragen. Keine Sorge, wenn du dafür länger brauchst. Du kannst auch hier eine vertraute Person bitten, sich an eine Situation zu erinnern, in der du mit großen Herausforderungen oder Belastungen zu kämpfen hattest.

»Vor welcher Herausforderung stand ich zuletzt?«

»Wie habe ich sie letztlich gemeistert?«

»Welche Fähigkeiten waren mir dabei eine Hilfe?«

Was vor uns liegt und was
hinter uns liegt, ist nichts
im Vergleich zu dem, was in
uns liegt. Und wenn
wir das, was in uns liegt, nach
außen in die Welt tragen,
geschehen Wunder.

Henry David Thoreau

Das Stärken-Experiment

Die eigenen Stärken zu kennen, ist ein guter Anfang. Wenn es dir so geht wie uns, dann vergisst du sie aber auch hin und wieder mal. Unser Vorschlag: Genehmige dir eine Übungswoche, um deine Stärken im Alltag nutzbar zu machen und ihren Wert nicht so schnell wieder zu vergessen! Forschungsergebnisse deuten darauf hin, dass die Besinnung auf persönliche Stärken deine Zufriedenheit steigern und Depressionen vorbeugen kann.*

Schritt 1:

Nimm dir etwas Zeit, um über eine deiner persönlichen Stärken nachzudenken – zum Beispiel Kreativität, Ausdauer, Freundlichkeit oder Neugier. Überlege, wie du diese Stärke heute auf eine neue und andere Weise einsetzen könntest.

Wenn du zum Beispiel Ausdauer wählst, kannst du eine Liste von Aufgaben machen, die du in letzter Zeit als herausfordernd empfindest, und versuchen, einige davon anzugehen. Oder wenn du Neugier wählst, könntest du eine Aktivität ausprobieren, die du noch nie zuvor versucht hast.

---

* Seligman, Martin E. P./Steen, Tracy A./Park, Nansook/Peterson, Christopher: Positive Psychology Progress: Empirical Validation of Interventions., in: American Psychologist, Bd. 60, Nr. 5, 2005, doi:10.1037/0003-066x.60.5.410, S. 410–421

Schritt 2:

Beschreibe schriftlich die persönliche Stärke, die du heute nutzen willst, und wie du sie einsetzen wirst. Und dann geh in die Umsetzung. Handle gemäß deiner Stärke so oft wie möglich über den Tag verteilt.

Schritt 3:

Wiederhole die obigen Schritte jeden Tag für eine Woche. Du kannst dieselbe persönliche Stärke über mehrere Tage hinweg nutzen oder jeden Tag eine neue Stärke ausprobieren.

Schritt 4:

Am Ende der Woche kannst du dir notieren, auf welche persönlichen Stärken du dich während der Woche konzentriert hast und wie du sie eingesetzt hast.

Was hast du ausprobiert? Wie hast du dich dabei gefühlt? Welche Erfahrungen hast du gemacht?

DU DARFST STOLZ AUF DEINE FÄHIGKEITEN SEIN, UND ES MACHT KEINE:N GRÖSSENWAHNSINNIGE:N AUS DIR, WENN DU DAS AUCH ZEIGST!

DEINE SCHWÄCHEN UND FEHLER MUSST DU NICHT GROSSARTIG FINDEN. ABER ES IST WICHTIG, DASS DU SIE ANNIMMST. GENAUSO, WIE DU AUCH DEINE FREUND:INNEN WEITERHIN LIEBST, SELBST WENN SIE DICH MANCHMAL IN DEN WAHNSINN TREIBEN.

WENN DIR SELBSTLIEBE UNBEHAGEN BEREITET, NIMM EINFACH SELBSTAKZEPTANZ. SELBSTAKZEPTANZ IST DER GEGENSPIELER ZU SELBSTKRITIK UND HILFT DIR, WOHLWOLLENDER MIT DIR SELBST UND ANDEREN UMZUGEHEN.

10 Sätze für mehr Selbstakzeptanz

1. Ich darf nett zu mir sein, auch wenn ich Fehler mache.
2. Ich bin nicht allein mit meinen Gefühlen.
3. Ich bin geduldig mit mir.
4. Ich darf um Hilfe bitten.
5. Ich bin mir selbst ein:e gute:r Freund:in.
6. Ich bin genug, so wie ich bin.
7. Ich verzeihe mir meine Fehler.
8. Ich akzeptiere mich so, wie ich bin.
9. Ich bin es wert, Liebe und Mitgefühl zu erfahren.
10. Ich tue, was ich kann, und das ist genug.

TEIL 3:

Du *bist* genug.

GRÜNDE, AN DICH ZU GLAUBEN:

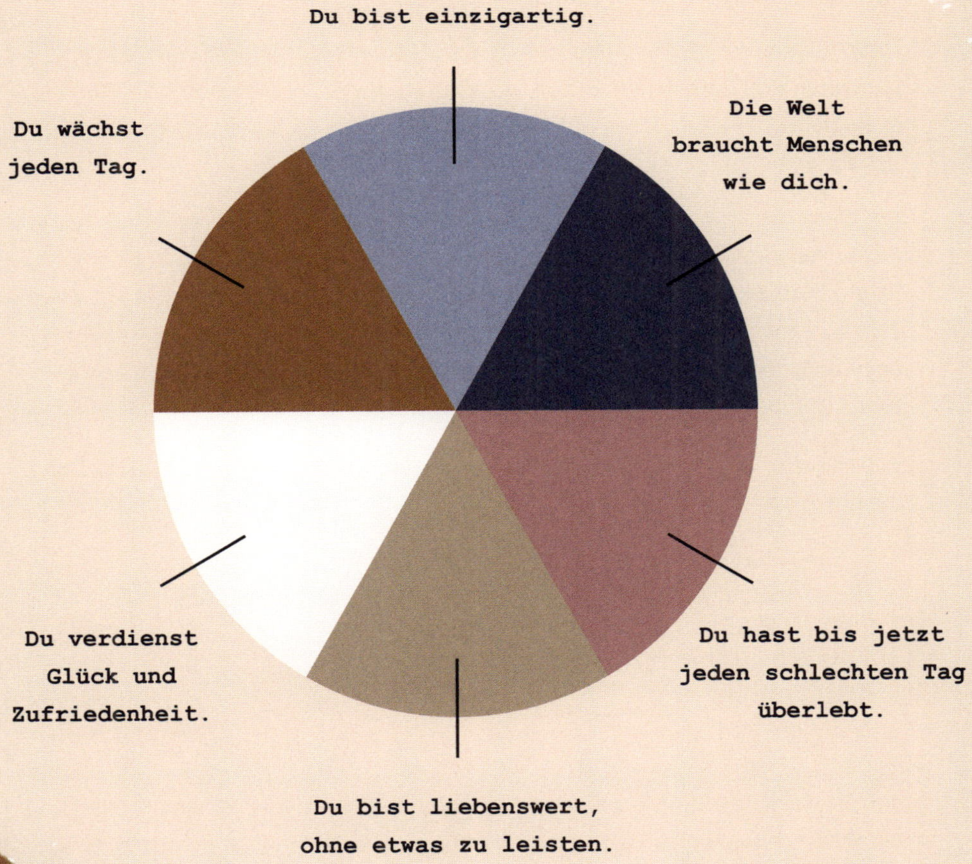

Du bist genug. Auch wenn du nicht funktionierst!

Im Alltag verlangen wir oft von uns, möglichst gut zu »funktionieren«. Wir knechten unseren Körper wie einen Computer und schreien ihn genervt an, wenn er nicht macht, was wir erwarten: »Was soll das? Gestern hast du das doch auch noch gekonnt!«

Um noch einen Tick mehr Leistung herauszukitzeln, stopfen wir ihn mit Medikamenten und Supplementen voll, wo auch ein kurzes Nickerchen oder ein Tag Ruhe gereicht hätten. Hand aufs Herz: Wie oft bist du schon krank zur Arbeit gegangen?

Vor allem, wenn etwas nicht ganz rundläuft, fällt es uns schwer, nachsichtig mit uns zu sein und unsere Bedürfnisse ernst zu nehmen. Eine schlechte Nacht, Hektik am Morgen, zu wenig gegessen, zu viel gegessen, ein Streit, ein vergessener Termin, eine chronische Krankheit, verstörende Nachrichten – so viele Faktoren beeinflussen, wie wir uns fühlen und wo unsere Grenzen liegen. Jeden Tag aufs Neue. Und das darf so sein.

Was würdest du einem lieben Menschen sagen, wenn er einen schlechten Tag hat? Vielleicht so etwas wie:

»Mach dir keinen Kopf, wir sind alle Menschen.«

Oder:

»Wie kann ich dir jetzt helfen?«

Auf den folgenden Seiten erfährst du, wie du auch dir selbst mit Wohlwollen und Mitgefühl begegnen kannst. Du bist genug, auch wenn du dich gerade nicht so fühlst!

MEMO AN DICH:
SEI NICHT SO HART MIT DIR, DU MACHST DAS PRIMA.

6 Arten von Selbstfürsorge

Mit der Selbstfürsorge ist es so eine Sache … Oft geht es nämlich nicht um das, was wir gerade gern hätten. Sondern darum, dass wir lernen, uns selbst zu respektieren. Was benötigst du gerade am meisten?

Emotional:

reflektieren, lachen, weinen

Physisch:

Sport machen, gesund essen, Wellness

Spirituell:

singen, beten, dankbar sein

Sozial:

Freund:innen treffen, Briefe schreiben, telefonieren

Praktisch:

priorisieren, Grenzen setzen, Pläne machen

Mental:

lesen, etwas Neues lernen, Hobbys

SELBSTMITGEFÜHL
FUNKTIONIERT BESSER
ALS SCHOKOLADE.

KRISTIN NEFF

Schwierige Situationen werden noch schwieriger, wenn wir uns über uns selbst ärgern und sie als Beweis für unsere eigene Unzulänglichkeit erleben. Aber es gibt eine gesunde Alternative: Selbstmitgefühl!

Kristin Neff, die als Professorin für Psychologie und Persönlichkeitsentwicklung an der Universität von Texas in Austin forscht, konnte zeigen, dass Menschen, die sich in schwierigen Zeiten freundlich und nachsichtig behandeln, eine bessere körperliche und mentale Gesundheit aufweisen.*

Viele Menschen trauen sich jedoch nicht, sich mit Wohlwollen zu behandeln. Sie befürchten zum Beispiel, faul zu werden oder eine schlechtere Leistung zu zeigen, wenn sie nachsichtiger mit sich umgehen. Das stimmt jedoch nicht. Denn Selbstkritik ist nicht der Antrieb, der uns erfolgreich macht. Wir sind höchstens erfolgreich *trotz* unserer permanenten Selbstkritik! Vielmehr haben die Studien von Neff und ihren Kolleg:innen gezeigt, dass Selbstmitgefühl unsere Motivation steigert und uns wachsen lässt.

Du kannst also beides haben: Wachstum *und* ein gutes Verhältnis zu dir selbst.

Eine andere verbreitete Annahme ist, dass wir Egoist:innen werden könnten, wenn wir besser über uns selbst denken. Doch Untersuchungen zeigen, dass Egoismus und Selbstmitgefühl nicht miteinander zusammenhängen. Im Gegenteil: Menschen, die nett mit sich selbst umgehen, sind sogar weniger auf ihren eigenen Vorteil fokussiert.

Eine liebevolle Haltung zu sich selbst erweitert also unsere Sichtweise und umfasst alle Wesen – nicht nur uns selbst.

---

* Neff, Kristin D./Germer, Christopher K: A Pilot Study and Randomized Controlled Trial of the Mindful Self-Compassion Program, in: Journal of Clinical Psychology, Bd. 69, Nr. 1, 2012, doi:10.1002/jclp.21923, S. 28–44

~~Selbstkritik~~ Selbstmitgefühl!

Im Rahmen ihrer Forschungsarbeiten hat Kristin Neff eine wirksame Übung entwickelt, die sie »Self-Compassion Break« nennt (= Selbstmitgefühlspause).

Die folgenden Schritte können dir dabei helfen, deine selbstkritische Stimme durch eine mitfühlendere zu ersetzen. Eine, die dich beruhigt, anstatt dich kleinzumachen. Dadurch kannst du aufwühlende Erlebnisse und Stress leichter verarbeiten – und einen Ort der Ruhe, Akzeptanz und Zufriedenheit in dir finden.

Schritt 1:

Suche dir einen ungestörten Ort, an dem du dich für ein paar Minuten entspannen kannst.

Schritt 2:

Denk an eine Situation in deinem Alltag, die gerade schwierig ist und die dir Stress bereitet.

Schritt 3:

Rufe dir diese Situation ins Gedächtnis und spüre den Stress nach. Kannst du das emotionale Unbehagen in deinem Körper nachempfinden, wenn du daran denkst?

Schritt 4:

Sag nun zu dir selbst den folgenden Satz laut: »Dies ist ein Moment des Leidens.« Das Anerkennen deiner Gefühle ist eine Form der Achtsamkeit – einfach wahrzunehmen, was für dich emotional im Moment vor sich geht, ohne die

Erfahrung als gut oder schlecht zu bewerten. Du kannst auch einfach sagen: »Das tut weh« oder »Das ist Stress«. Verwende die Aussage, die sich für dich am natürlichsten anfühlt.

Schritt 5:

Sag als Nächstes zur dir selbst: »Leiden ist ein Teil des Lebens.« Mit dieser Aussage erkennst du an, dass dich dieses Gefühl mit anderen Menschen verbindet. Es geht nicht darum, deine Gefühle zu bagatellisieren. Sondern wir alle sind Menschen, die schwierige Erfahrungen machen. Wir sind dadurch nicht abnormal oder mangelhaft. Auch hier kannst du sagen, was sich für dich am natürlichsten anfühlt: »Andere Menschen fühlen sich auch so«, »Ich bin nicht allein« oder »Wir alle haben in unserem Leben zu kämpfen.«

Schritt 6:

Lege nun deine Hände über dein Herz, spüre die Wärme deiner Hände und sag: »Ich möchte freundlich zu mir selbst sein.« Du kannst auch überlegen, ob es einen anderen spezifischen Satz gibt, der dich in dieser speziellen Situation ansprechen würde. Einige Beispiele: »Ich werde lernen, mich so zu akzeptieren, wie ich bin«, »Ich vergebe mir selbst«, »Ich werde geduldig mit mir sein.«

Tipp: Wir haben diese Übung aufgenommen, damit dir die Durchführung leichter fällt. Du findest sie in unserem Podcast »Still & Stark« mit der Folgennummer 36.

https://vanilla-mind.de/selbstmitgefuehl/

Haben oder Sein?

Der Kopf weiß: Unser Wert als Mensch hängt nicht davon ab, was wir alles leisten. Aber was zeigen unsere täglichen Entscheidungen?

Der Wiener Psychiater Viktor E. Frankl war ein Holocaust-Überlebender und hat sich in seinen Arbeiten viel mit der philosophischen Frage beschäftigt: »Wann ist ein Leben lebenswert?«

Ein Selbstkonzept, das auf Liebe durch Leistung basiert, ist äußerst fragil. Denn was, wenn wir mal nicht mehr können? Was, wenn wir schwer erkranken? Sind wir dann weniger wertvoll? Wie geht es uns damit, wenn wir alt werden?

»Wer bin ich eigentlich ohne
all die Dinge, die ich unternehme,
kaufe, leiste oder über die ich mich
anderweitig definiere?«

Einfach nur sein

Welche Gefühle kommen in dir auf, wenn du mit Menschen zusammen bist, die dich so annehmen, wie du bist?

Wo in deinem Körper kannst du diese Gefühle spüren?

Welche Sinne sind daran beteiligt?

Wann hast du das letzte Mal etwas Schönes für dich gemacht?

In welchen Momenten fühlst du dich ganz bei dir?

Wann hast du dich das letzte Mal glücklich gefühlt? Warum?

Wie kannst du mehr von diesen Momenten in dein Leben ziehen?

Tipp: Plane dir diese Woche Zeit nur für dich selbst ein, so oft, wie du magst. Du kannst sie zum Beispiel in deinen Kalender eintragen. Es spielt dabei keine Rolle, ob es nur 5 Minuten sind oder eine ganze Stunde.

Und in den Wald
gehe ich, um
meinen Verstand zu
verlieren und meine
Seele zu finden.

JOHN MUIR

Im Einklang mit deinen Werten leben

Unsere inneren Überzeugungen beeinflussen unser Denken, Fühlen und Verhalten: Wenn wir zum Beispiel das Gefühl haben, dass unser Tun einen Sinn hat, empfinden wir eine tiefe Befriedigung. Die eigenen Werte zu kennen, stärkt die Selbstakzeptanz. Es lohnt sich also, unsere persönlichen Werte mal genauer unter die Lupe zu nehmen!

Werte sind Überzeugungen, die wir im Laufe unseres Lebens übernommen haben, zum Beispiel durch unsere Erziehung. Auch Kultur und Herkunft haben starken Einfluss auf unsere persönlichen Werte.

Wenn wir uns darüber bewusst werden, welche Werte uns besonders wichtig sind, und unser Leben danach ausrichten, fühlen wir uns ausgeglichen und authentisch. Allerdings ist es auch vollkommen normal, nicht immer zu wissen, was uns motiviert und wo uns unser Weg gerade hinführen soll. Persönliche Werte entwickeln sich im Laufe unseres Lebens. Und sie können sich auch verändern.

Der Psychiater Viktor E. Frankl, von dem du eben schon gelesen hast, begründete eine ganze Therapieform, die die Sinnsuche in den Fokus rückt: die Logotherapie. Der Begriff »Logos« kommt aus dem Griechischen und bedeutet übersetzt »Sinn«. Frankl war überzeugt davon, dass Menschen, die ihr Handeln an Werten ausrichten, trotz ihrer Ängste und Sorgen eine tiefe Zufriedenheit spüren.

Mit der Übung auf der nächsten Seite kannst du herausfinden, welche Werte in deinem Leben eine tragende Rolle spielen.

WERTE SIND WIE FINGERABDRÜCKE. KEINER HAT DIESELBEN, ABER DU HINTERLÄSST SIE BEI ALLEM, WAS DU TUST.

ELVIS PRESLEY

Finde deine Werte!

Streiche die Werte aus der Liste, die für dich weniger wichtig sind, bis nur noch 10 übrig sind. Die übrigen sind deine persönlichen Top Ten. Notiere sie dir und sortiere sie nach Priorität, beginnend mit deinem wichtigsten auf Platz 1.

Autonomie VERANTWORTUNG Humor Sicherheit
Selbstbestimmung Anerkennung KOMFORT Fantasie Einfluss
Kreativität Abenteuer HARMONIE Selbstverwirklichung
Liebe Mut Wachstum Vertrauen Schönheit Freundschaft
Gemeinschaft Wissen Loyalität Spiritualität
ERFOLG WÜRDE Gerechtigkeit Bildung Ästhetik
Familie Individualität Gelassenheit Offenheit
Herzlichkeit Fairness NATUR Toleranz
Ehrlichkeit Wohlstand Anstand Disziplin
Großzügigkeit INTUITION Leistung Treue Ruhm Fürsorge
Achtsamkeit Mitgefühl Frieden Tradition Zuverlässigkeit
Nähe Freiheit Akzeptanz KARRIERE Genuss

Etwas anderes:

Diese Werte geben meinem Leben einen Sinn:

1. ____________________ 6. ____________________

2. ____________________ 7. ____________________

3. ____________________ 8. ____________________

4. ____________________ 9. ____________________

5. ____________________ 10. ____________________

Die eigenen Ideale zu leben, kann viel Mut erfordern. Zum Beispiel, wenn sich ein Generationenkonflikt anbahnt, weil deine Eltern völlig anders aufgewachsen sind als du und sie deinen Lebensstil infrage stellen. Oder wenn du denkst, du müsstest auch eine Familie gründen und ein Haus kaufen, weil deine Freund:innen das so machen. Was dann?

Du kommst deinem Warum immer wieder ein Stückchen näher, wenn du dir bei Entscheidungen Zeit zum Nachdenken erlaubst. Frag dich zum Beispiel:

»Woher kommt mein Wunsch? Aus mir selbst oder von außen?«

»Spüre ich einen inneren Widerstand? Woher könnte er kommen?«

»Welche Werte sind meinem Umfeld wichtig? Wie beeinflusst mich dieses Denken?«

»Wo in meinem Leben zeigt sich, was mir wirklich wichtig ist? Und wie viel Zeit verbringe ich mit Dingen, die mir kaum etwas bedeuten?«

Umarme das
herrliche
Durcheinander,
das du bist.

Elizabeth Gilbert

Ich konnte nicht heilen,
weil ich so tat, als ob ich
nicht verletzt wäre.

Leben heißt fühlen. Und zwar alle Gefühle!

Es kann sein, dass du das erst einmal wieder lernen darfst. Vielleicht wurde dir als Kind beigebracht, dass bestimmte Emotionen - wie zum Beispiel Ärger, Neid, Trauer oder Stolz - nicht okay sind.

Gefühle verschwinden allerdings nicht, wenn wir sie unterdrücken. Sie kehren über kurz oder lang immer wieder zurück. Zum Beispiel durch ein geschwächtes Immunsystem, hohen Blutdruck, Süchte, Ängste oder Depressionen.

Erst wenn wir einem Gefühl den nötigen Raum geben, nimmt seine Intensität langsam wieder ab. Das bedeutet nicht, dass wir jeden Impuls ausleben sollten. Sondern es bedeutet, komplizierte Emotionen wahrzunehmen und zu benennen, damit wir verstehen, was in uns vorgeht.

Emotionen machen uns menschlich und nahbar. Wenn wir uns zeigen, wie wir sind, bauen wir tiefe Verbindungen zu anderen auf. Und das macht viel glücklicher als Perfektion!

Du *verlierst* nie
deine Stärke.

Du *vergisst* nur
manchmal, dass
du sie hast.

Bastelanleitung für »Selbstvertrauen im Glas«

Es gibt Tage, an denen sich einfach nichts richtig anfühlt. Wir fangen auf einmal an, unsere Entscheidungen zu hinterfragen, und unser Selbstvertrauen leidet.

In solchen Momenten kann es helfen, sich an kleine Erfolge und schöne Erlebnisse aus der Vergangenheit zu erinnern. Damit du für solche Tage schnell welche zur Hand hast, empfiehlt es sich vorzusorgen.

WAS DU BRAUCHST:

- Einmachglas oder Schraubglas
- kleine Zettel
- Stift

SO GEHT ES:

Beschrifte die einzelnen Notizzettel jeweils mit einem Gedanken oder einer Erfahrung, die dich an deine Stärke erinnert. Folgende Fragen können dir beim Ausfüllen eine Hilfe sein:

- Was kann ich gut?
- Was mag ich an mir?
- Was sagen andere Gutes über mich?

TIPP: Stell das Glas an einen Ort, an dem es dir häufig ins Auge fällt. Unser Glas steht in der Küche auf dem Esstisch.

DENK DRAN:

DU BIST NICHT DEINE GEDANKEN.

DU BIST NICHT, WIE DU AUSSIEHST.

DU BIST NICHT, WAS DU LEISTEST.

Du hast etwas in dir, das über all dies hinausgeht: eine innere Stärke und Ruhe, die wie der blaue Himmel ist.

Gedanken und Emotionen sind wie Wolken. Sie kommen und sie gehen auch wieder. Immer wenn deine Gedanken abdriften oder einen kritischen Weg einschlagen, kannst du an den blauen Himmel denken. Er ist immer da, auch wenn er nicht zu sehen ist und hinter einer dichten Wolkendecke verschwindet.

Behalte dies in Erinnerung, wenn du deinen Tag fortsetzt, und mach dir keine Sorgen darüber, ob deine Gedanken gut oder schlecht sind. Beobachte sie wie Wolken und lass sie vorüberziehen.

TEIL 4:

Glücklich *ohne* Selbstoptimierung!

Warum ist glücklich sein so anstrengend?

Das Streben nach Glück hat einen hohen Stellenwert. Natürlich wollen wir alle unser Leben verbessern und uns wohl in unserer Haut fühlen.

Doch die angestrengte Suche nach dem perfekten Lebensglück hat auch eine unangenehme Kehrseite: Auch hier lauert die Selbstoptmierungsfalle, denn es erzeugt eine Menge Stress, sich immer gut fühlen zu wollen. Wir richten viel Aufmerksamkeit auf die großen Dinge des Lebens – die Beförderung, das schöne Haus, die Traumreise, den durchtrainierten Körper – und laufen an den kleinen Dingen, die unsere Seele wirklich zufrieden machen, einfach vorbei.

Es spricht nichts dagegen, ein paar Kilo abnehmen zu wollen, sich ein schönes Zuhause zu leisten oder einen tollen Urlaub zu planen. Doch wenn wir meinen, alle diese Dinge zu benötigen, um uns erfolgreich zu fühlen, dann wird es kritisch. Studien belegen, dass es zu Depressionen führen kann, sich auf der Suche nach dem ultimativen Lebensgefühl zu sehr zu verausgaben.* Schwierige Gefühle jedoch zu unterdrücken, ist gefährlich, denn emotionale Tiefs gehören zum Leben dazu.

Um zufrieden zu sein, nützt es wenig, von einem Kick zum nächsten zu rennen. In der Gehirnforschung hat man herausgefunden, dass sich Glück irgendwann abnutzt: In einem Versuch gab man Mäusen die Möglichkeit, sich per Schalter selbst das Wohlfühlhormon Dopamin zu verabreichen.**

---

* Ford, Brett Q./Shallcross, Amanda J./Mauss, Iris B./Floerke, Victoria A./Gruber, June: Desperately Seeking Happiness: Valuing Happiness is Associated With Symptoms and Diagnosis of Depression, in: Journal of Social and Clinical Psychology, Bd. 33, Nr. 10, 2014, doi:10.1521/jscp.2014.33.10.890, S. 890–905

** Pascoli, Vincent/Terrier, Jean/Hiver, Agnès/Lüscher, Christian: Sufficiency of Mesolimbic Dopamine Neuron Stimulation for the Progression to Addiction, in: Neuron, Bd. 88, Nr. 5, 2015, doi:10.1016/j.neuron.2015.10.017, S. 1054–1066

Innerhalb kürzester Zeit wurden die Mäuse abhängig und mussten den Schalter immer wieder betätigen, um sich gut zu fühlen. Das Ergebnis: Sie aßen nicht mehr, sie schliefen nicht mehr, sie kümmerten sich nicht mehr um ihren Nachwuchs. Die Versuchsleitung musste eingreifen, sonst wären die Mäuse gestorben.

Glücklich sein ist also deshalb so anstrengend, weil Glück flüchtig ist. Die Lösung? – Versuchen wir es stattdessen doch lieber mit innerer Zufriedenheit!

Zufriedenheit entsteht, wenn wir einen guten Kontakt zu unserer Gefühlswelt haben, unseren Bedürfnissen Aufmerksamkeit schenken und dafür sorgen, dass sie gestillt werden.

Ein tiefes wohliges Gefühl der Zufriedenheit zu empfinden, ist in unserer hektischen und instabilen Welt wichtiger denn je. Und auch wenn Zufriedenheit bis zu einem gewissen Grad von unserer finanziellen Situation abhängt – die meisten Dinge, die uns guttun, hängen nicht unmittelbar von unserer Lebenssituation ab – und sie müssen auch nicht zwingend etwas kosten.

Vieles von dem, was uns wirklich zufrieden macht, liegt häufig schon vor unserer Nase. Schau dir auf den folgenden Seiten an, wie du mehr davon in dein Leben holen kannst.

9 X GLÜCK, DAS (FAST) NICHTS KOSTET

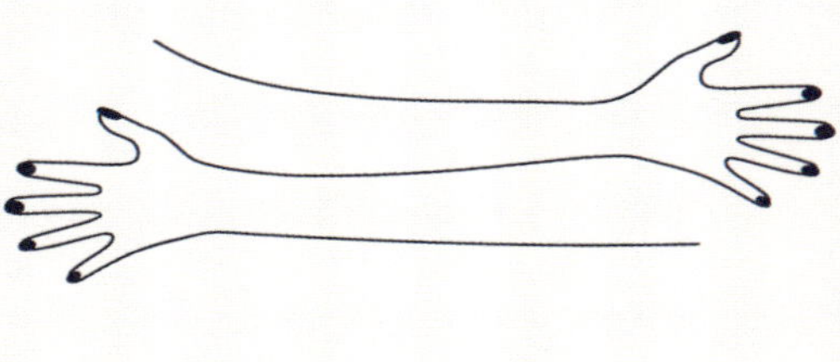

ZEIT IN DER NATUR

Unternimm einen Spaziergang an einen schönen Ort. Wir alle fühlen uns besser, wenn wir in der Natur sind, aber häufig vergessen wir diese heilsame Wirkung. Zeit im Grünen zu verbringen, beschäftigt unseren Geist auf eine angenehme Weise und hilft uns aktiv dabei, Stress abzubauen und uns zu erden.

Selbst wenn du in der Stadt lebst und keinen Wald direkt vor deiner Haustür hast, kannst du ein Stück Natur genießen. Wo in deiner Nähe gibt es Parks, einen botanischen Garten, ein Garten-Center oder Tiere, die du beobachten kannst?

Manchmal wirkt es bereits Wunder, wenn wir uns die Zeit nehmen, uns liebevoll um unsere Topfpflanzen zu kümmern oder vom Fenster aus die Vögel zu beobachten.

KLEINIGKEITEN FÜR ANDERE TUN

Neuere Ergebnisse aus der Gehirnforschung zeigen, dass sich Freundlichkeit und Empathie stimulierend auf die Bereiche des Gehirns auswirken, die für Genuss und Belohnung zuständig sind.*

Eigentlich ganz logisch: Denn jedes Mal, wenn wir etwas für andere tun, spüren wir, dass wir nicht bloß die Gebenden sind, sondern gleichzeitig auch etwas Wunderbares zurückbekommen: Wärme, Verbundenheit, Vertrautheit, Gemeinschaft.

Um anderen – und dir selbst – etwas Gutes zu tun, musst du nichts Großartiges leisten. Lass dich gerne von den folgenden Ideen inspirieren:

Jemandem deine Hilfe anbieten

Eine nette Notiz für die Kollegin hinterlassen

Müll aufheben und wegwerfen

Wechselgeld spenden

Jemanden im Supermarkt vorlassen

Eine fremde Person anlächeln

Ein gelesenes Buch weitergeben

Einer lieben Person sagen, wie viel sie dir bedeutet

Kleine Unternehmen unterstützen

---

* Lyubomirsky, Sonja/Sheldon, Kennon M./Schkade, David: Pursuing Happiness: The Architecture of Sustainable Change, in: Review of General Psychology, Bd. 9, Nr. 2, 2005, doi:10.1037/1089-2680.9.2.111, S. 111–131

Jemandem vergeben

Vergebung ist alles andere als einfach. Manchmal regen uns schon kleine Bemerkungen so sehr auf, dass wir grollen und zulassen, dass sie an unserem Selbstwert nagen. Vergebung muss nicht bedeuten, einfach zu vergessen – also die Augen vor Ungerechtigkeit zu verschließen. Zu vergeben bedeutet vielmehr, dass wir uns dafür entscheiden, unseren Ärger loszulassen und unseren inneren Frieden zurückzuerlangen.

Dadurch stärken wir nicht nur die Verbindung zu anderen Menschen in unserem Leben, sondern auch unsere eigene Gesundheit. Wir können wieder besser schlafen und unser Stresslevel sinkt.

Dieser Jemand kannst übrigens auch du selbst sein. Lerne, nachsichtiger mit dir umzugehen, und vergib dir deine Fehler und Schwächen.

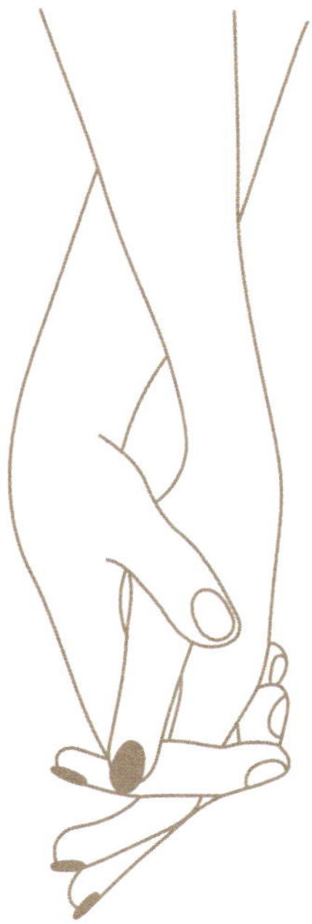

DANKBARKEIT ZEIGEN

Drücken wir unsere Dankbarkeit für das aus, was wir haben, statt immer wieder auf das zu schauen, was fehlt. Das kann auf ganz unterschiedliche Weise geschehen:

Wir könnten im Alltag darauf achten, uns öfter für Kleinigkeiten bei anderen zu bedanken. »Danke fürs Zuhören.« »Danke für deine Zeit.« »Danke, dass du für uns gekocht hast.«

Ein anderer Kniff, der dir im Handumdrehen das Gefühl zurückgibt, gut genug zu sein, ist ein Dankbarkeitsjournal. Darin kannst du dir abends vorm Einschlafen drei Dinge notieren, die gut waren. Besonders an schlechten Tagen ist dies ein wertvolles Ritual, um wieder in Balance zu kommen.

JEMANDEN UMARMEN

Für viele Menschen war das, was sie während der Lockdowns am stärksten vermisst haben, die Möglichkeit, geliebte Menschen zu umarmen. Als es plötzlich keine Selbstverständlichkeit mehr war, Freund:innen und Familie umarmen zu können, wurde vielen bewusst, wie wichtig Berührungen für unsere Gesundheit und unser Wohlbefinden sind.*

Beim Umarmen werden jede Menge Glückshormone, sogenannte Endorphine, ausgeschüttet, die zu einem Gefühl der Entspannung führen und zwei Menschen stärker zusammenschweißen.

Wann hast du zuletzt eine herzliche Umarmung genossen?

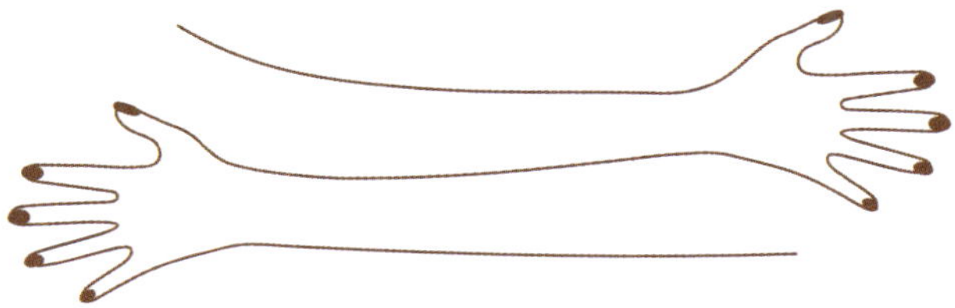

* Morgan, Eleanor: Lost touch: how a year without hugs affects our mental health, in: The Guardian, 24.01.2021, https://www.theguardian.com/lifeandstyle/2021/jan/24/lost-touch-how-a-year-without-hugs-affects-our-mental-health (abgerufen am 26.03.2022)

DEN STECKER ZIEHEN

Hand aufs Herz: Wie viel Stress lässt du durch die ständige Flut an E-Mails, sozialen Netzwerken und Nachrichten in deinen Alltag?

Unsere ständige Erreichbarkeit durch das Smartphone kann ein richtiger Glückskiller sein! Selbst wenn wir in der Supermarktschlange stehen und warten, geht der Griff automatisch zum Smartphone. Wir langweilen uns und glauben, dass wir mit der Wartezeit etwas Produktives anstellen sollten. Doch das Gegenteil ist der Fall. Unser Gehirn braucht einfach eine Pause.

Eine weitere Gefahr sind die ständigen Vergleiche, die wir anstellen, wenn wir die geschönten Bilder anderer Menschen auf Instagram und Konsorten betrachten: »Warum sind die schon wieder im Urlaub, waren die nicht gerade erst?« »Wenn ich doch nur ihre Bikini-Figur hätte!« »Müsste ich nicht auch schon viel weiter in meiner Karriere sein?«

Gönn dir öfter mal eine Auszeit von digitalen Medien. Du wirst feststellen, dass du dich viel weniger mit anderen vergleichst, mehr bei dir selbst bleibst und Pausen wieder achtsamer genießen kannst.

ZEIT MIT DEINEN LIEBLINGSMENSCHEN

Es gibt keine bessere Medizin, als sich mit Menschen zu umgeben, die dich schätzen und lieben, so wie du bist. Zufriedene Menschen wissen, dass sie nicht auf sich allein gestellt sind, und pflegen ihre Beziehungen zu anderen.

Du könntest dir zum Beispiel vornehmen, täglich mit einem wichtigen Menschen in deinem Leben in Kontakt zu treten, zum Beispiel durch eine Kurznachricht, Sprachnachricht oder einen Anruf.

Es braucht nicht immer ein von langer Hand geplantes Treffen, um ein paar Worte der Wertschätzung miteinander auszutauschen. Und manchmal braucht es nicht einmal Worte. Sogar ein liebevolles Emoji kann ausdrücken, was du für andere empfindest, und das Gefühl stärken, mit der Erde und den Menschen darauf verbunden zu sein.

ETWAS NEUES LERNEN

Wir Menschen müssen uns ausleben und ausdrücken dürfen. Wir können selbst etwas schaffen und neue Dinge ausprobieren, so wie wir es als Kinder getan haben. Eigentlich sind wir immer noch genauso neugierig und wissensdurstig wie damals. Nur leider vergessen wir das oft, weil wir so sehr mit dem Erwachsensein beschäftigt sind.

Ein neues Buch anfangen, ein Kochrezept ausprobieren, eine leere Leinwand in ein buntes Meer aus Farben tauchen – all das macht uns glücklich. Sofern wir uns erlauben, nicht perfekt zu sein! Andernfalls sitzen wir gleich wieder in der Selbstoptimierungsfalle. Wichtig ist die Neugier – und nicht die Erkenntnis, dass sich (k)ein kleiner Picasso in uns verbirgt.

LIEBLINGSSONGS HÖREN

Wenn wir Musik hören oder sogar dazu tanzen und singen, fühlen wir uns direkt besser. Denn auch beim Singen und Tanzen schüttet unser Gehirn Endorphine aus. Kein Wunder, dass wir uns hinterher weniger gestresst und mehr in Kontakt mit uns selbst fühlen! Einer unserer persönlichen Favoriten ist »Kokomo« von den Beach Boys. Der geht einfach immer.

Hast du eine Playlist mit Songs, die dich sofort in eine gute Stimmung versetzen? Falls nicht, wäre jetzt ein guter Zeitpunkt, eine anzulegen.

SONGS FÜR MEINE HAPPINESS-PLAYLIST:

1. ______________________________

2. ______________________________

3. ______________________________

4. ______________________________

UNS GEHÖRT NUR DIE STUNDE.
UND EINE STUNDE, WENN SIE
GLÜCKLICH IST, IST VIEL.

THEODOR FONTANE

Was sind deine Glücksmomente?

Hunderte von Menschen haben uns verraten, was sie zufrieden und ausgeglichen macht. Kreise alles ein, was du ebenfalls empfindest - und ergänze auch gern deine eigenen Eindrücke.

Zeit mit Menschen verbringen, die mein Herz berühren

EINEN KLEINEN, ABER ENGEN FREUNDESKREIS HABEN

In der Natur sein

Sonne auf meiner Haut spüren

IM BETT BLEIBEN DÜRFEN

WENN MEINE ZIMMERPFLANZE EIN NEUES BLATT BEKOMMT

Zeit für mein Hobby haben

Unterstützung bekommen, wenn ich sie brauche

MICH IN MEINEM JOB VERWIRKLICHEN ZU DÜRFEN

DER MENSCH SEIN, DER ICH BIN

ZEIT MIT MEINER FAMILIE VERBRINGEN

Mich geborgen und geliebt fühlen

ZEIT FÜR MICH ALLEIN HABEN

EINEN KUCHEN BACKEN UND DABEI GANZ IM MOMENT SEIN

Vögel füttern

Ein gutes Buch lesen

DEN SONNENUNTERGANG BEWUSST WAHRZUNEHMEN

Etwas Neues lernen und darin versinken

Wenn ich einen Tag habe, an dem ich gut mit mir leben kann

DANKBAR SEIN FÜR ALL DIE GUTEN DINGE IN MEINEM LEBEN

Mich als vollständigen Teil unserer Gesellschaft fühlen

MICH SELBST UND MEIN VERHALTEN BESSER ZU VERSTEHEN

Freundliche Gesten wie ein Lächeln oder sich zuwinken

Ein gemeinsames Hobby mit meinem Partner haben

TIERE STREICHELN

Meinen Lieblingssong hören

Ans Meer fahren

DEN MOND IN EINER STERNENKLAREN NACHT SEHEN

FRÜHSTÜCK IM BETT

DER GERUCH VON FRISCHEN BLUMEN

Jemandem meine Sorgen mitteilen dürfen

MEINE EIGENEN ANSPRÜCHE SENKEN

Meine Kinder wachsen sehen

EIN NETTES TELEFONGESPRÄCH

Gedankenverloren aus dem Fenster schauen

Etwas anderes:

Meine To-be-Liste

Schreibst du gerne Listen? Dann haben wir hier eine für dich, die dir richtig guttun wird: Statt einer To-do-Liste könntest du ja einfach mal eine To-be-Liste schreiben. Sammle darauf alles, was dein Wohlbefinden steigert:

»Bei welcher Tätigkeit bin ich ganz bei mir – ohne Ansprüche von außen oder innen?«

»Wobei kann ich die Zeit vergessen?«

»Worauf freue ich mich?«

»Womit kann ich gut entspannen, was auch kurzfristig klappt?«

DAS TUT MIR GUT:

EIN GUTER ZEITPUNKT:

Die einzige
Reise ist die
nach innen.

Rainer Maria Rilke

SCHLIESSE DEINE AUGEN UND DENK AN EINEN ORT, AN DEM DU DICH LEBENDIG UND GANZ BEI DIR SELBST FÜHLST.

BLEIB DORT SO LANGE, WIE DU MÖCHTEST. HINTERHER KANNST DU DIR NOTIEREN, WAS DU GESEHEN HAST UND WELCHE EMOTIONEN UND ERINNERUNGEN SICH GEZEIGT HABEN.

WIE KÖNNTEST DU RAUM SCHAFFEN, UM DIESES SCHÖNE GEFÜHL IM ALLTAG ÖFTER ZU ERLEBEN?

ES IST OKAY, WENN …

… du nicht sofort zurückrufst

… du deine Meinung änderst

… du dir eine Tiefkühlpizza in den Ofen schiebst

… du dich gerade schwach fühlst

… du nicht alles allein schaffst

… du Termine absagst

… du gerade alles irgendwie blöd findest

… du nicht alle 5 Minuten deine Mails checkst

… auf deiner Fensterbank eine dicke Schicht Staub liegt

… du um Hilfe bittest

… du offen sagst, wie du dich fühlst

… du ein paar neue Falten in deinem Gesicht entdeckst

… du dir Zeit für dich nimmst

… du den schmutzigen Wäscheberg ignorierst

… du denselben Fehler auch noch ein zweites und drittes Mal machst

… deine Wohnung nicht »instagramable« aussieht

… du deinen Kuchen nicht selbst backst

… du mal keine Ahnung hast, wovon die anderen gerade reden

… dich nicht jede:r mag

… du nicht immer Wert auf die Meinung anderer legst

… du dich für Durchschnitt entscheidest

… du nicht immer den richtigen Ton triffst

SAG ES LAUT:

ICH TUE GENUG.

ICH KANN GENUG.

ICH BIN GENUG.

Sending love ...

Dieses Buch endet an dieser Stelle, aber wir begleiten dich gerne weiter auf deinem Weg!

In unserem Mut-Letter versorgen wir dich immer wieder aufs Neue mit wohltuenden Gedanken, kraftvollen Impulsen und vielen schönen Goodies. Einfach kostenlos hier eintragen:

vanilla-mind.de/mut-letter

Wir freuen uns auf dich!

Alles Liebe,
Timon und Melina

Über die Autoren

Melina arbeitete als Kommunikationsdesignerin und Creative Director, bevor sie 2014 die Online-Plattform Vanilla Mind gründete. Das Gefühl, nicht zu genügen, begleitet sie schon ihr Leben lang. Deshalb ist es ihr ein Herzensanliegen, auch anderen Mut zu machen, ihren eigenen Weg zu gehen. Ihr erstes Buch »Verstecken gilt nicht« erschien 2017.

Timon ist Unternehmer, Speaker und Marketing-Stratege. Er ist ein zurückhaltender Mensch, der gelernt hat, mutig für seine Werte und Überzeugungen einzustehen. Er ist privat wie beruflich die »bessere Hälfte« von Melina und moderiert mit ihr gemeinsam den erfolgreichen Podcast »Still & Stark«. Du kannst ihn überall anhören, wo es Podcasts gibt.

Zitat S. 59 mit freundlicher Genehmigung von Isabell Prophet.

Konzept & Text: Melina & Timon Royer, vanilla-mind.de
Illustration & Gestaltung: Anna Wassmer
Autorenfoto: Franzi Schädel
ISBN 978-3-8458-4988-1
www.arsedition.de

MIX
Papier aus verantwortungsvollen Quellen
FSC® C018236